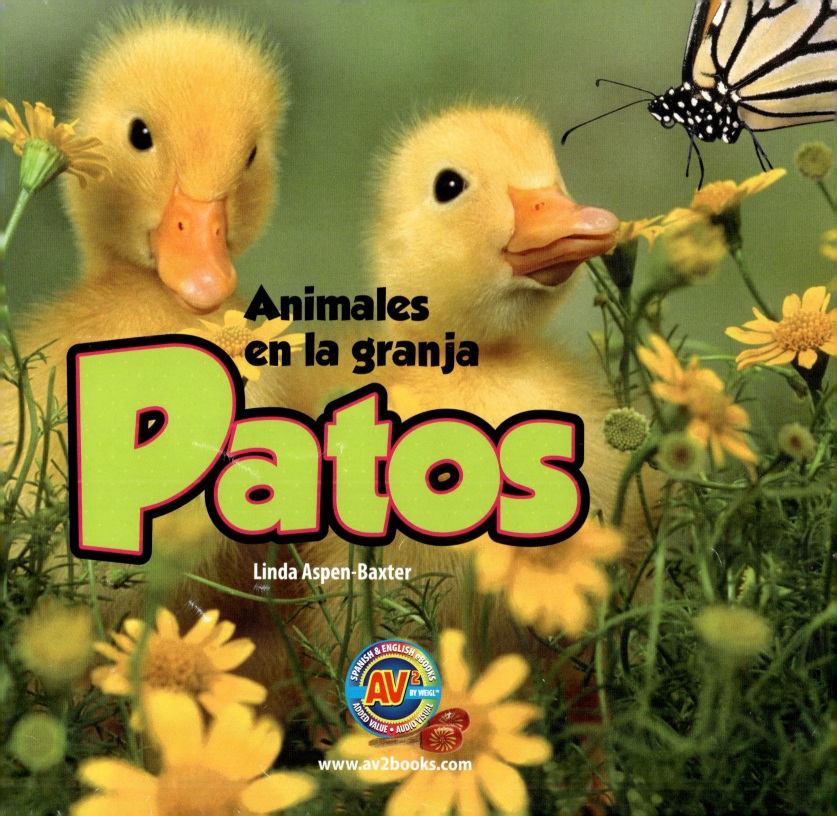

Animales en la granja

Patos

Linda Aspen-Baxter

SPANISH & ENGLISH eBOOKS
AV²
BY WEIGL™
ADDED VALUE • AUDIO VISUAL

Go to **www.av2books.com**, and enter this book's unique code.

BOOK CODE

R291862

AV² by Weigl brings you media enhanced books that support active learning.

This AV² media enhanced book gives you a fully bilingual experience between English and Spanish to learn the vocabulary of both languages.

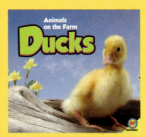

English

Spanish

AV² Bilingual Navigation

LANGUAGE TOGGLE

PAGE TURNING

CLOSE

HOME

PAGE PREVIEW

Animales en la granja
Patos

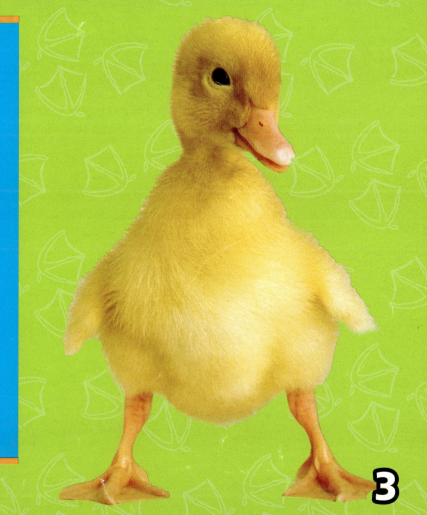

CONTENIDO

3

Soy un animal pequeño de granja. Los granjeros me tienen por mis huevos y mis plumas.

4

Soy una ave. Tengo plumas en mi cuerpo y en mis alas.

6

7

Camino en dos patas sobre la tierra. Mis pies palmeados me ayudan a nadar. El aceite en mis plumas me mantiene seco.

Mis ojos están a los costados de mi cabeza. No tengo que voltear mi cabeza para ver a todos lados. Esto me ayuda a encontrar comida.

11

Mis ojos están a los costados de mi cabeza. No tengo que voltear mi cabeza para ver a todos lados. Esto me ayuda a encontrar comida.

13

¿Cómo les hablo a otros patos? Grazno y silbo.

Me gusta estar con otros patos. ¡Podemos ser muy ruidosos!

Mis bebés nacen de huevos.

Mis patitos comen por sí mismos.

19

Mis bebés quieren ser como el primer ser viviente que ven. Debería ser yo. ¡También puede ser una persona o un animal!

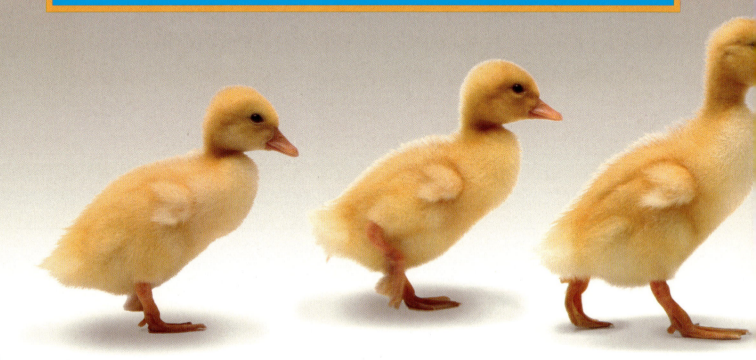

21

DATOS SOBRE LOS PATOS

Esta página proporciona más detalles acerca de los datos interesantes que se encuentran en este libro. Basta con mirar el número de página correspondiente que coincida con el dato.

Páginas 4–5

El pato es un animal pequeño de granja. Los granjeros tienen patos por sus huevos y plumas, y también por su carne. Se usan sus plumas para rellenar almohadas, abrigos y acolchados. Otros se mantienen como mascotas o para espectáculos. La mayoría de los patos en las granjas son Pekín. Tienen plumas blancas o cremosas y el pico naranja y no pueden volar.

Páginas 6–7

Los patos son aves. Tienen plumas en su cuerpo y alas. Las aves son los únicos animales con esta característica. También comparten otras características: son vertebradas, su boca es un pico y se reproducen poniendo huevos. Mucha gente asocia las aves con poder volar. Si bien la mayoría vuela, hay varias aves que no pueden volar.

Páginas 8–9

Los patos caminan en la tierra con dos patas. Sus pies palmeados les ayudan a nadar. El aceite en sus plumas los mantiene secos. Tienen una glándula cerca de su cola que produce un aceite especial. Usan su pico para embadurnar sus plumas con este aceite para hacerlas impermeables. Pueden permanecer en el agua por mucho tiempo ya que sus pies, que no tienen nervios ni vasos sanguíneos, no se enfrian.

Páginas 10–11

Los ojos del pato están al costado de su cabeza. No tiene que girar su cabeza para ver a su alrededor. Esto le ayuda a encontrar comida y a ver sus depredadores, tales como mapaches, búhos, halcones, zorros y coyotes. La mayoría de los patos domésticos no pueden escapar volando de sus depredadores, así que es importante que los granjeros les proporcionen un refugio seguro.

Páginas 12–13

Los patos usan su pico para buscar comida. Les gusta comer semillas, hierba, gusanos e insectos. Su pico es ancho y plano. Tiene muescas en los lados para agarrar su comida. Algunos patos domésticos comen puré, el que a menudo está hecho de harina de maíz húmeda mezclada con hojas verdes picadas.

Páginas 14–15

¿Cómo hablan los patos con otros patos? Graznan y silban. En las granjas los patos deben ser alimentados a la misma hora cada día. Si no, van a graznar hasta que se les alimente. Los patos también graznan para advertir a la gente o a otros animales de la granja cuando se acercan extraños o cuando hay peligro.

Páginas 16–17

A los patos les gusta estar con otros patos. ¡Pueden ser muy ruidosos! Los patos viven en grupos desde que nacen. Estos grupos se llaman camadas. Al principio los grupos se mantienen cerca de su madre hasta que tienen de 5 a 8 semanas de edad. Después comienzan a reunirse en bandadas con otros patos.

Páginas 18–19

Los bebés de una pata nacen de huevos. Los patitos comen por sí mismos. Empiezan a romper la cáscara 28 días después de que la pata pone los huevos. Pronto después de nacer, los patitos pueden correr, nadar y comer por sí mismos. Para los patitos es tan natural nadar como respirar.

Páginas 20–21

Los patitos quieren ser como el primer ser viviente que ven. Al nacer el patito forma un fuerte lazo con la primera cosa viviente que ve. A menudo es su madre, pero puede ser una persona. Si un pato se cría solo, creerá que es parte de cualquier grupo de animales que viva cerca. El pato puede creer que es un perro, gato o pollo.

Published by AV² by Weigl
350 5th Avenue, 59th Floor New York, NY 10118
Website: www.av2books.com   www.weigl.com

Aspen-Baxter, Linda.
  [Ducks. Spanish]
  Patos / Linda Aspen-Baxter.
     p. cm. -- (Animales en la granja)
  ISBN 978-1-61913-187-3 (hardcover : alk. paper)
  1. Ducks--Juvenile literature. I. Title.
  SF505.3.A8618 2012
  636.5'97--dc23

                                2012018358

Printed in the United States of America in North Mankato, Minnesota
1 2 3 4 5 6 7 8 9 0 16 15 14 13 12

012012
WEP170112

Senior Editor: Heather Kissock
Art Director: Terry Paulhus

Weigl acknowledges Getty Images as the primary image supplier for this title.

24